아름다운 인연

최병석 시집
아름다운 인연
■
인쇄 2015년 10월 28일
발행 2015년 10월 30일
■
저 자 최병석
발행인 이순옥
발행처 도서출판 문화의힘
■
주소 대전 동구 대전로 867번길 52
한밭오피스텔 406호
등록 제364-117호
전화 042-633-6537
전송 0505-489-6537

ISBN 978-89-90647-91-7

값 9,000원

아름다운 인연

최병석 시집

도서출판 문화의힘

아름다운 인연

|시인의 말|

한 해 한 해 지날수록 할 말이 쌓여간다
몸 던져 제대로 바꾼 것 하나 없는
가슴 저린
세상을 향한 넋두리가 늘어간다

찰나 같은 하루를 보내고 구들에 등 붙이면
나누지 못해
건네지 못해
소란한 마음 가만히 눈 감을 수밖에

그대 떠난 길
홀로 걸어본다
쓸쓸한 길에도 꽃은 피고
그 꽃길 따라 아름다운 인연들 우거지기를

2015년 가을
최병석

■ 시인의 말

1 _ 수문을 열다

2 _ 아버지의 발걸음

3 우체통을 지나며

4 _ 살아남은 자의 슬픔

아름다운 인연

1

수/문/을/열/다

아름다운 인연

하루의 기도

편견 나부랭이에
가난한 소망들이 생채기나지 않기를

쓸쓸한 가슴마다
사랑의 홀씨 흩날리기를

오늘도
사치 없이 살아 낼 수 있기를

저수지 수문 열다

수문 열면
너울너울

호수에 기숙하던 새벽 별무리가 춤을 춘다
비로소 대지도 숨을 쉰다

물소리 바람소리
우우 씨눈 터지는 소리

보아라
저 탱탱한 물줄기를

거룩한
이 땅과 찰진 씻나락들을

우리네
이 물 먹여 저 들 살찌워 살았네

뼈마디 엮어 핏덩이 붙여
천년 또 천년 살고지고

형님아 아우야
가슴 붙이고 등 내밀어 기꺼운 사람들

저수지 정수리에 먼동이 튼다
옷깃 여며 수문 연다

가뭄

논배미 밭이랑에
꺼이꺼이 초록이 탄다

입춘에서 하지까지
가뭇없이 높새바람만 일었더니라

돼지머리에 명태포
서낭당에 춤 한판 걸면 될라나

귀이빨대칭이

산자락 골골 더듬어 내려
너른 호수 한가운데

고운 뻘 깔고 앉아
대대손손 고이 지켜온 씨족의 터전

백년 가뭄에 내 보이는 민 등짝은
이다지도 생경하고 아리다

지느러미 기생으로
지켜온 생애

다만, 정한 목숨 세상 끝까지 지켜내야 하기에
불거진 발가락 힘줄이 전율한다

귀이빨대칭이 조개 : 멸종위기종1급, 예당호, 탑정호 등에 서식, 물고기 몸에 붙어 기생 발육 후 떨어져 강바닥에서 산다.

농부

아는 거 없으니 단순하게 살다가 문득
곡식은 새벽 기침소리 듣고 큰다는 어른 말씀이
그리하면 실하니 부지런하라는 말씀 같아서
식솔과 나태함과 정직함과
어떻게 살고 죽느냐를 생각했다

농사짓는 사람들처럼 살면 참 좋으련만
농부들은
죽지 못해 짓는 농사라 한다

농부 2

대한민국의 주권은 국민에게 있고
모든 권력은 국민으로부터 나온다
대한민국 헌법 말씀이니라

국민이 거개 농민이던
농사가 만사던 시절 농부는
하늘만이 무서웠다

도시 사람들 살기 어렵다는데
새끼들하고 얼마나 어려울까
노모 말씀에 눈시울 먼저 붉히는데
요즘
세상이 무서워 하늘만 믿고 산다는 아버지

농부 3

논두렁 콩깍지 터지는 소리
바짓가랑이 적시는 이슬이 좋았더라

자식 먹이느라
겁 없이 보낸 세월

삽질 호미질에 등골 말려
나도 달팽이 너도 달팽이

산등성이 달빛사이로
내자의 쉰 기침소리 깊어라

사과

꽃잎이 나풀거리는 날이면
하늘 끝으로 날아보고 싶었다

퍼런 멍이 삭신을 쑤셔댈 때엔
힘껏 수액을 빨았다

지난여름 열대야 속을 헤집고
농부의 거친 숨소리 툭툭 불거지는 새벽을 지나

살갑고 슬픈 사연
가지 끝에 꿰어 본다

살아온 날이 부끄러워
마알간 하늘사이 민낯 붉다

원성골 샘제

사해용왕대신전에 삼가 발원하오니
올 한해 마을 온갖 것 무탈하옵기를

천년이고 만년이고
마르지 마라 무탈하거라

황토 뿌려 금줄 달고
동네 아낙 합장할 제

봉청남무사해용왕대신지위
奉請喃無四海龍王大神之位
대대손손 지펴 나른 물 같은 세월

허기지고 서글픈 날
벗 삼아 살았거니

정월 용날 샘 제당에 너울너울
소지가 탄다 물이 끓는다

샘제 : 마을 공동우물에 대해 올리는 제례로 마을과 가정의 안녕을 기원한다. 충남 예산군 신암면 신종리 원성골 동네에는 천년을 간직해 온 샘제를 지금도 지성으로 지낸다.

예당 토백이

넌 누구냐
여기 토백이지
그런 넌 누구냐
나야말로 토백이다만

그렇구나
붕어도 가물치도 빠가사리도
애비의 애비 적부터
너른 호수 누비어온 예당의 토백이였구나

베스 넌 누구
황소개구리 너는 누구
언젠가는 토백이 되고 고향도 되겠거니
도란도란 살아봐

산다는 건 이기는 것
억척 떨며 지켜내는 것

고운 흙내 비릿한 물 내 맡으며
천년만년 존재하는 것

충남 예산에 있는 〈예당저수지〉는 총 저수량 4,700만 톤, 유역면적 3만7천360㏊, 만수면적 1천88㏊의 국내 제일가는 농업용 저수지이다. 1964년에 준공되어 예당평야와 홍성 일부 구역 7천㏊에 관개하는 광활한 인공호수로서 어족자원이 풍부하여 낚시객들로부터 사계절 폭발적인 사랑을 받고 있다.

작은 고추 맵다

소나무 향내 짙은 백두대간 숲 그늘에
산 좋고 물 좋아
토방살이 천년
추녀살이 이천년

감자 보리 볍씨 마늘이랑 정붙여 살아
모진 목숨 다독이는 할매 할아배랑 정붙여 살아
논두렁 밭이랑에 덕지덕지 정분나던
작다만 깔 좋은 조선 것들

토종을 위하여

가을날
구릉 한편에 옹기종기

할미 할애비 품속을 꿈처럼 살아
이 땅의 씨알이 되고야 마는 조선무

좀 굵던 짧던
내 토종인줄 너를 보니 알것다

여름날엔 탕이여

삼복三伏 중에
한 줄금 소낙비 맞춤일 쯤

펄펄 끓여
쇳내 섞어 몸을 푸는 일은
조상님 은덕인 것이다

여름날엔 탕이여

탕 맛을 알면
여름 날 줄 아는 것이다

산 되어 강 되어

저 물 흘러

이 몸 지나

이 산 되어

저 강 되어

천년만년 금수강산에

아비 되고 할아비 되고

아름다운 인연

2

아/버/지/의/발/걸/음

아름다운 인연

가을이 오다

바랜 코발트로
미소 날리며 가을이 왔다

그가 왔다

홍시 사과 배
귀한 풍기삼이며

쇼핑백 가득 채워 내미는
저 사내의 온기

가슴은
이내 알아차리고 빼근하게 파장한다

이래서 가을이것지
사내들 가슴 부푸는

명징하게 가을이 왔다

가장 노릇

몇 년 만인지
결혼 기념 콧바람 쐬기에
옷가지며 먹거리며 바리바리

선글라스에 외투 하나 걸치면
남들
바다 건너라도 뻔질나던데

이 무슨
주변 없는 고된 신상

화초 물 줬고
어제 빨아 베란다에 내 건 이불도 괜찮겠는데
그런대로 괜찮겠는데

그려
가장이 가자면 가는 겨
가장은 모름지기 단호헌 겨

한나절 내달리니
휴게소는 가장이 천지다

겨울 모기

소한 비행은
초복 비행의 예리한 전투력에 비할 바가 아니다

다만
동장군을 이겨낸 기개를 우러른다

어눌한 사위 경계로 접힌 날개
고독한 사냥꾼의 최후는 장렬하다

겨울에 태어난 아름다운 비애

어디서 무엇으로 태어난들
누군들
탄생을 훙정할 수 있으랴

무녀리가 무녀리로 끝나는 비 박애
불평등적 세상

너는 존재하여 아름다웠고 용맹하였다
그리하여 비난할 그 무엇도 찾을 수 없다

정한 목숨 이제
모두가 소망하는 신세계의 밀알이 되어라

남자의 기도

누군가를 위해 기도해 본적 없어
사는 동안
기댈 무엇 하나 변변치 못한 거였다

무엇이 되게 해 달라고 기도한 적도 없어
아비 되고 가장이 되는 동안
무시로 먹먹한 가슴만 매만지는 거였다

제게 북극성 같은 용기를 주소서
세상의 나침판이 되고 싶습니다
세상의 빛과 소금이 되고 싶습니다
그리고 옆집 강씨 밤길도 챙겨주고 싶습니다

밤길 걷다가
북극성이 되고 싶어진 남자에게 순간
거룩한 무엇이 있었던가보다

불편한 기호

여자가 스트레스 받는다
마음이 불편하니 그렇지

잠자코 있던 남자는 울컥
가슴 저리다

어쩌나 저놈의 통장

용지에 쌓이는 불편한 기호들

사노라면

– 투병중인 여인에게

사노라면
불현듯
어제 만난 눈빛이 그리웁기도 하지

사노라면
때로
살붙이에 허전기 면할 수도 있지

사노라면
제기랄
살 속에 호스 꽂고 탕–탕– 웃기도 하는 거지

새우젓

천일염 흥건하게
토굴 석 달

삭어서 곰삭어서
초젓 오젓 육젓

너 없이
천하의 보릿고개 어찌 넘었을꼬

시골버스 정류장

오가는 사람 있든 없든
먼지 달고 버스는 왔다 갔다

도시 이야기 알든 모르든
누구나 단박에 깔깔대는 정류장에

터줏대감 회전의자
마실 나가는 촌로가 반갑다

시원허구나

복날 삼계탕이며
무쇠솥에 육개장이며

조선의 뜨거운 것들은
제대로 끓고 나면 변태變態한다네

공중목욕탕 열탕 안에 할아버지
손주 앞에서 제대로 변태變態하신다

거 참
시원허구나

아름다운 인연因緣

할아버지의 할아버지
할머니의 할머니께서
나직한 뫼 기슭에 탯줄을 묻던 밤
상수리 한 톨이 묻히고 있었다

하늘 언저리가 닳아서
휑하니 높아져갈 때
상수리는
상수리나무 숲의 할아버지가 되었다

바람이 거센 날이면
젖 먹던 힘으로 가지를 버텨내고
눈이 쌓이는 날이면
가지 치켜들어 장승이 되었다

동네에 큰일이 나자
물기 마른 가지를 접어
기꺼이
성성한 불꽃으로 인연을 태웠다

포말

언제나 그렇게
휴게소에 새벽이 열리고
남정네들의 온갖 내밀한 컬러 컬러

휴일이면 더욱 커지는 웅웅거림

저기 한 중년
조용히 다가가서 푹 꺼지는 한숨에
체온은 포말이 된다

소중한 것들은 그랬다

무수한 고난 속에서도 묵묵하게
험한 세상 먹이 찾는 사냥꾼으로
가녀린 여인의 버팀목으로
기꺼이 자신을 인내하고 불사르고

해질 무렵
손주 손잡고 할아버지가 웃는다

이 녀석 누굴 닮아서 이렇게 잘 생겼누

휴게소 소변기는 이래저래 바쁘다

아버지의 발걸음

동짓달 칼바람 속에서

아버지는 자유를 찾았다

그날 그 송가는 오늘도 나를 지배하는데

아버지의 발걸음은

이제 그만 용서하자는 이성 따위와

산소 언저리도 내키지 않는 발걸음은

반백년 넘도록

앙가슴으로 째려본다

유언 없는 이별은

밤마다 슬픔을 잉태하고

동짓달 칼바람 속에서

한 발자국이라도 자유이고 싶다

유언 없는 아버지의 발걸음

아버지 눕다

손돌바람 이는 날
마른 몸
고향 산기슭에 당신을 뉘입니다

긴긴 여정의 끝자리
컬컬하던 음성
성성한 눈빛마저 자리에 드는 것을

황토 틈새 새싹 돋으면
호미 챙겨 오른다지요

여명 녘에

동네잔치
불쾌하게
대포 한잔 더 할라니 네 엄마 잘 모시라시며
표표히 가시더이다

여명 녘
잔상 가득하니 아직도 꿈인 듯만 한데

생경한 간밤 행차에
지난 기일 바람소리마저 조신한 것을

아버지
싸한 대포 한 잔 나누지 못했네요

살아생전
나누지 못한 것들만 지천입니다

아름다운 인연

3

우/체/통/을/지/나/며

아름다운 인연

우체통을 지나며

이른 봄부터 새봄이 다 지나도록
우체통을 지나간다

담벼락 허물어진
갯내 그리운 고향집을 지나간다
급한 마음에
자전거를 탄다

가슴이 울렁거리면
낙서라도 부치자고 타박타박 걸어간다

동백꽃 다 지기 전에
시린 가슴 푹– 떠 부쳐볼까

기다리다 지친
우체통이 지나간다

진화進化

뇌세포가 명상에 든 시간
옆구리에서는 분열 중이다

인간은
지구상 어느 종족보다 아름다운 염색체를 배열하였다

곤궁하지만 지켜내야 할 세상
자궁은 침묵을 끝내고 새로운 진화를 꿈꾼다

물끄러미

물끄러미

들여다보면

호수 밑

타는 가을 산

그

산

사르는 생명 찬가 붉어라

여행

울컥 솟아오르는 이십대 풋사랑처럼

가을이면 도지고 마는 알레르기여

이름 모를 꽃

나폴나폴
아지랑이 돋는
돌담 모퉁이에 볼그레

아슴아슴
얼굴 모를
어릴 적 하늘로 간 누이 같은 꽃

호박

창호지 햇살너머 돌담길에
주저리주저리 호박이 여물어간다

늙을수록 아름다운 자태
만나는 사람마다 입가에 번지는 미소

이제와 생각하니 알겠네
너를 만나면 누구나 평화주의자가 된다지

봄부터 가을까지
넝쿨마다 노오란 꽃 수줍게 피웠다가 지웠다가

어머니가 내 놓으시던 푸르스름 나물 찬
한 입 머금어 붉히는 눈시울

재량할 수 없는 넉넉함에
너 없는 고향 생각이나 하랴

가을 창밖으로
저 혼자 여무는 그리움

정자나무

동네 어귀 뿌리 내려
정한 수액 마시며 한 세월

우람스레 늘인 가지
모진 풍상 그러안고 또 한 세월

이파리 이파리마다
아득한 전설화 향내 짙어라

호수에 눈을 적시면

종일토록 호수에 눈을 적시면
웅숭깊은 호수가 남녘 그리워
저 산 끝자락 지금
할미꽃 지천이겠지
자색 향내 흐드러지겠지

의미

말은 고와야지

복사꽃 같은 소망 피워야지

내가 너에게 무엇을 하던

훗날 그리움이어야 하지

등껍질 가려워지면

바람에 부러진 가지가 욱신거린다
농약병 독기가 수맥 따라 올라와
늘어난 삭정이 가지에도 바람은 부는데

허투루 사는 날이 있으랴만
눈물 같은 정충精蟲 날려
피 같은 씨알 매달아 놓는 것이다

냄새 난다는 등 히죽히죽 웃던 사람들은
노랗게 물든 아이들 남겨두고
알맹이 찾으려 가을 계곡으로 몰려가고

나이 먹는 동안 두터워진 등껍질 가려워지면
은행나무는 명년
돋아오를 태기를 가만히 기다리는 것이다

주유

중고차 유량게이지가 굼뜨다

교도소 면회 가는 날은 더 그렇다

충청도 술친구

오늘 워뗘

글루 갈텨

그려

그려

곱빼기

동네 한 복판
행서체 빨간 간판 집 정오는 기름지다

구멍 숭숭 홍등은
기십 년 눈인사로 터줏대감인데

목까지 올라오는 포만에
연신 질러대는 이쑤시개질

옆구리가 시린 날
곱빼기로 간다

기차 단상

쿨렁쿨렁
들녘의 궤적이라니

폐부를 관통하는
서늘한 그리움

글방 선비
– 어느 시인을 만나다

저시기– 이렇게 헙시다
사람들은 눈 감고도 그가 그인 줄 알고
조금은 엉뚱하대도 넘어간다

허허로운 옥수수로 솟더니
구부정 굽힌 허리가 다정하여라

있을 자리면
수염 같은 두루마기 자락 날리며
영락없이 한 자리 차지하고는

폭풍우 이는
맛깔진 시낭송

무에 대수랴
인생 통째 글 바다에 적시고
그 향내 취하랴 풍기랴

꼿꼿한 글방선비
구성진 너털웃음이 정겨워라

아빠 안녕

눈을 뜨면
빛나는 햇살이 반가워요

아플 때마다
예쁜 사람들이 많아져요

내년에는 오빠랑
할머니 집에서 신나게 놀고 싶어요

아빠 안녕?
예나도 안녕

엄마가 옆에 있어서 행복한
아홉 살 예나

태어날 때부터 희귀병으로 투병중인 아이 '예나'의 쾌유를
기원하며

봉수산 백발 처사

봉수산 자락 골골마다
주저리주저리 전설이 걸리고

산중턱 고즈넉이
자비의 뜨락 받치는 봉수사

라싸를 건너온 바람결에
목어의 청아한 독경 소리

댓돌 아래 노송은
새순 내어 무량으로 빛나고

봉수사 건너편 백발 처사
물소리 바람소리에 무상무념 성불하네

행운

헐레벌떡 버스에 오른다

버스도 늦었다

전신에 피어나는 감미로움

수학 수업

수학을 한다는 것은 선율
가없는 울렁임

어쩌다 마주치는 눈빛에
가슴은 황홀한 공명

삼십 몇 년 전
시골 중학교 남학생반 수학수업은
나누어지지 않는 셈법으로 끝나곤 했다

눈 감으면
오롯이 피어나는 교실 향기
성도 이름도 아득한 기억의 저편

수학은 이 세상에서
가장 아름다운 학문이었다지

아름다운 인연

4

살/아/남/은/자/의/슬/픔

아름다운 인연

진도 농원

아리아리 진도 장단 나던 날
소싯적 친구 같은 너를
첫눈에 덥석 그러안고 나선 동행

인연 찾아 불원천리
백구의 전설은 전설이 아니다
가없이 사르는 강직함이여

달리 사랑할 무엇도 없이
붉디붉게 살고 싶은 오롯한 염원

태산 같은 기개
운검의 결기쯤
농원 그루터기에 앞발로 누르고

믿음이 헐거워지는 날이면
섬기다가 잃은 목숨들 부유하는 진도로
껑― 껑― 목울대 높여보는 것이다

4월에 남겨진 자들

– 세월호 침몰에 대하여

갑오 4월
쪽빛 망망한 서해 선상에 나부끼던
삼백 영령 부푼 꿈들이 오롯이 묻히고 말았어라

언젠간 떠나야 할 이생의 길이라지만
이유랄 것도 없는 느닷없는 주검 앞에
속죄 못하는 수인이 되고 말았어라

미처 전하지 못한 사랑과
듣지 못한 사연 헝클어져
이제 남겨진 자들이 합장한다

부질없는 팻말에 휘둘릴 순 없다
지친 숨 고르고 먹먹한 가슴 풀어
코발트빛 하늘을 품자

순백의 혼령 부둥켜안고
마르지 않는 눈물 삭혀
4월이여 가자 에덴동산으로

특보

16일
이집트 시나이반도 자폭테러
대한민국 성지순례단 사망 부상
십계명의 시나이 멧부리에서
성전聖戰 놀음에
산화되고서야 알게 되는 이름
의인 제진수

17일
경주 리조트 체육관 붕괴
신입대학생 오리엔테이션장의 주검들
오롯한 신념들이 일순간
눈 무더기에 스러졌다는
순백의 패러독스

18일
태국 반정부시위대와 정부군 충돌
사망 부상

이 땅에도 저런 날들이 있었다
생명들로 얼룩진 질곡의 터널

19일
20일
보배로운 침묵

21일
소치동계올림픽 김연아 선수 은메달 획득
올포디움의 완성
심판의 고백이 특별하다는 언론들의
미사여구가 아니더라도
기꺼이 아름다운 날

2014년 2월이 간다
또 다시 맞이할 새벽들 앞에 우리는
무엇을 준비하는가

개망초

소나무 언덕엔 누가 사누
백년 타향살이 누가 아누

나라 망친 게 뉘 탓인데
망초만도 못한 개망초

토종보다 더한 토종 되자고
황토 수액 전신에 처바른다

여름마다 희노란 꽃
삼삼히 피워 보노라면

밤바람에 스치는
머언 아메리카 들녘의 풋내

이 땅에 누구
너를 탓하랴

애초에 개망초라서
더 바랄 것도 없다만

누가 이 땅 살며
망초만도 못한 개망초인지 그대들은 아는가

내포여 포효하라

타 오르노라
한반도 백두 차령의 정기 불끈

금오산 관로봉 정수리로 검은 허물 벗고
계사癸巳의 영롱한 동터 오르노라

봉우리 봉우리는 예를 갖추어 수려하고
너른 들녘으로 풍요를 잉태하는 바람이 일면
구만포구의 황포돛대가 춤을 추는 내포여

가야 자락 덕숭산
수덕이 내는 천오백 년 무량의 지혜 밭에

임존성
백제 삼만 영혼의 산화한 정기 흘러 머금은 터전 위에

눈이 부시구나
돌과 흙과 물소리마저 역사를 일구어 온 내포여

봉산 화전리 사면석불이
이제야 온화한 백제의 미소 짓는데

들린다
한반도 경천동지의 맥박이 뛴다

우리는 내포에서
반만년 새 역사를 단초하리라

그리하여 세상 사람들은
찬연한 내포의 용기를 경의하리라

독도는 독도다

– 일본의 교과서 도발이 가여운 날에

넘본다고
우긴다고
떼 지어 절한다고 될 일이랴

어린아이들 책으로 세뇌하겠다니
마침내
쓰나미 불러 뒤집어쓸 일일세

아베야 아베들아
할애비적 비열함이 생생한 터에
그 광분의 과오를 다 어찌하리

가여워라
피 묻힌 사무라이의 칼이여
가미카제 녹슨 날갯짓이여

후지산 가여운 후손들아
독도는 독도다
언제쯤 이 말씀 알리오

소녀상

직광의 춤사위 일었지
대지는 분연히 양육에 충실하였지

얼씨구나
콩밭 일궈 콩 나누고
정 가꾸어 정 나누며
질긴 목숨 부여잡아 살아온 백성

누대로 찬연한 역사의 뜨락
반만년 쉼 없는 격동 속에서도
널리 인간을 이롭게 하는 세상 일구지 않았더냐

못된 이웃 마수에
가증스런 탐욕의 무리에
온 산하 한때 치욕의 소용돌이에
가없는 쓰라림을 이고 지고 살았어라

목숨보다 귀중한 정절의 염원
죽음보다 무거운 진실의 무게 앞에
단장의 아픔 부여안고
조선의 혼령 되어
소녀는 오늘도 구릿빛 눈물 뿌린다

세상에 누구
그 눈물 멈추게 하나

모진 질곡의 강 건너 충혈된
그 눈 감게 하나

비열한 무리 무릎 꿇리어
살아생전
검은 타래 풀까

풍뎅이 생각

가진 자들
다만 가질 것이면 되는

사방 둘레
귀 가렵고 눈만 아린 세상

품고 품어도 하냥 시린 가슴
붕― 붕―

길쭉한 뿔이면 될라나
오십 배 젊어질 장딴지라면 될라나

오색 날갯죽지 부벼
사향노루 노니는 고향 수풀에나 갈까

친구야 참나무야
우리 물만 먹고 살자

그리고 가끔
코발트색 하늘도 보면 되지

형제의 땅

삼만 피트 제트기류를 뚫고
이스탄불의 자애로운 품에 안기니라

화려하여 고독한
범접할 수 없는 영혼의 노래 흘러라

삼천년 이르기까지
동에서 피우면 서에서 지우고
남에서 세우면 북에서 뉘어
뉘었던 영욕들

위대한 인류의 역사와
피 끓는 형제애의 사랑과
찬란한 문명의 소용돌이를 목도하니라

우주에 다시없는 혈맹의 땅

온갖 비경과 찬란함으로
슬프고도 정의로운
끝내는 사랑스러운 축복의 땅이여

오스만투루크의 심장 한가운데에서
주채 못한 가슴이 일렁인다

대륙의 처음과 끝자락에서
우리는 그렇게 사무쳐 그리웠느니

동방의 영혼들이
오늘
영롱한 새벽을 연다

그 놈 볼라벤

남태평양
잔잔한 해수면 한 귀퉁이에서
쥐방울만한 놈 불어나
한라에서 백두에 이르도록
반도 황해자락을 차곡차곡 농락하였느니

이름 모를 풀포기며 심산 고라니며
이 나라 토종들은
저마다 허연 상처를 안고
차마 잊을 수 없는
스물일곱의 영혼을 스러안고야 마는가

슬픔은 언제나
가슴 깊은 데 박제된다지만
쉰 목소리 잦아들면
형님아 누님아
막내 동생 데리고 꽃 마중 가자

2012년 8월 발생한 15호 태풍 '볼라벤(BOLAVEN)'은 매우강한 바람으로 한반도에 큰 피해를 남겼다. 라오스에서 제출한 고원의 이름.

헐어라 헐리어라

베를린 하롱베이
살뜰하구나
반목이요 질곡의 기나긴 터널 건너
도란도란 보듬고 사노라네

봄눈 헤치고 저기
청노루귀 영롱하여라

어수리 고려엉겅퀴 흐드러져
다시없는
금수강산 한반도여

풍악산 자락은 의연하고
백록담 고라니 저리 힘찬데

어우러지거라
하늘 길 물길 따라
정한 목숨들 한데 넘나들거라

가없이 자애로운 심성
뜨거운 맥박 철철 넘치거라

고조선이며 발해며
고구려의 터전 조선민주주의인민공화국이여

헐어라
나약한 아집의 나래 접고
배달겨레의 혈맥을 터라

헐리어
태극의 정기 솟구쳐
동방의 등불 밝히리니

마침내
순정의 골짜기마다
지화자 가락 도도하리니

금요일은 금요일이 아니다

붉은 날이 다가올수록
노동의 새벽은 긴장한다
공복의 허기가 엄습한다

거리에서
칠흑의 어둠 속에서 건지는
노동에의 희구

밤새 구들 다림질 뜨거워도
휘어 볼품없다가 구겨지는 하루

어제보다 쪼그라드는 것이 허리뿐이랴
어제보다 오그라드는 것이 가슴뿐이랴

흔들리다가
속절없이 타들어가다가
마주하고야 마는 빈곤의 굴레

금요일 저녁
붉은 노을 깔고
탁주 한사발의 호사여

아서라
새벽을 망각한대서야 쓰나
신명으로 건사할 숨통이 아니던가

금요일은 금요일이 아니다
금요일이라 인쇄되었을 뿐이다

살다 보면

최고라니
지상 온갖 나라 중에 이 나라
자살률 으뜸이라니

살다 보면
서글픔에
누군들 눈물 보인 적 없는 줄 아나

둘러보면
아름다운 것들
아픔 없이 내민 것 있는 줄 아나

외로움에 사무칠지라도
옳거니
이제야 디디는 사유의 뜨락인 줄 알지

가진 것 없어 서러울라치면
까짓것
한 꺼풀 맑아지는 영혼인 줄 알면 되지

귀 기울이면
신실한 사람들
그 속에 묻혀 살면 되지

아름다운 인연